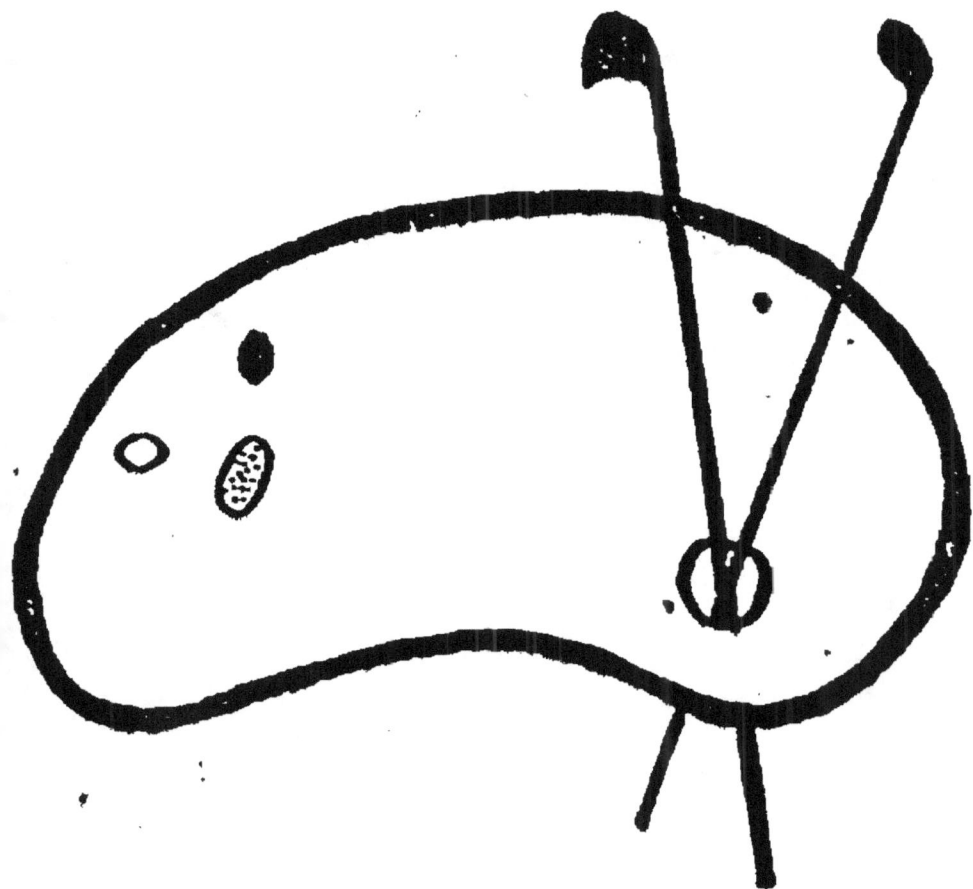

DEBUT D'UNE SERIE DE DOCUMENTS
EN COULEUR

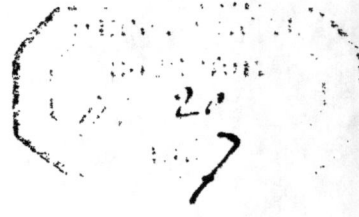

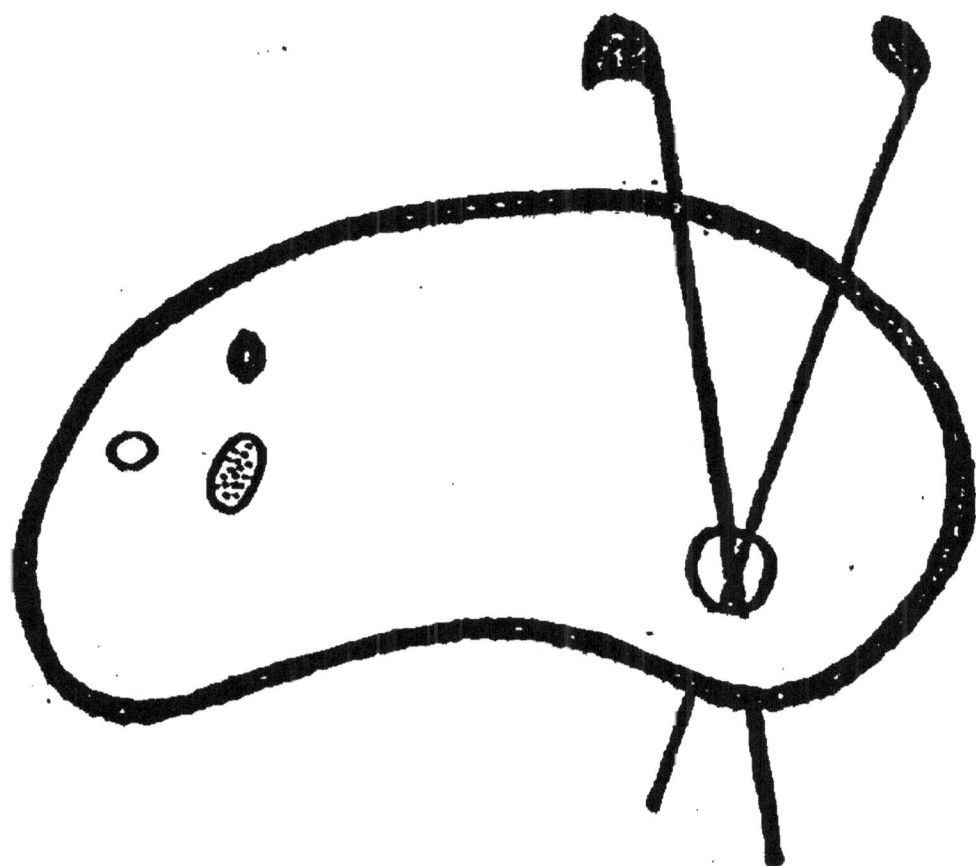

FIN D'UNE SERIE DE DOCUMENTS
EN COULEUR

LA

BOURSE & LA VIE

COMÉDIE EN UN ACTE ET EN VERS

Représentée pour la première fois à Paris, sur le théâtre national de
l'Odéon, (Second Théâtre Français) le 10 décembre 1888.

TRESSE & STOCK, ÉDITEURS, PARIS.

DU MÊME AUTEUR :

L'APPRENTI DE CLÉOMÈNE, comédie en vers.

TOULOUSE, à-propos en vers.

LE DERNIER KLEPHTE, comédie en prose.

CAMPASPE, comédie en vers.

LE BERCEAU DES QUARANTE, à-propos en vers.

IMPRIMERIE GÉNÉRALE DE CHATILLON-SUR-SEINE. — A. PICHAT,

FRANÇOIS MONS

LA
BOURSE & LA VIE

COMÉDIE
EN UN ACTE ET EN VERS

PARIS
TRESSE & STOCK, ÉDITEURS
8, 9, 1), 11, GALERIE DU THÉATRE-FRANÇAIS
PALAIS-ROYAL

—

1887

Ⓒ

A

M. JOSEPH ARON

En témoignage de ma profonde amitie

(New-York — Paris, 1856;)

FRANÇOIS MONS.

PERSONNAGES

ENGUERRAND	MM.	Rebel.
PIÉTRO, spadassin.		Kéraval.
LATRANCHE, cuisinier d'Enguerrand .		Matrat.
VALÉRIO, officier des gardes.		Calmettes.
UN EXEMPT DE POLICE		Jahan.
SIMIANE	Mlles	A. Leturc.
DAME AURORE, suivante de Simiane.		Raucourt.

A Paris, sous Louis XIII.

———

Pour la mise en scène détaillée, s'adresser à M. Foucault, régisseur général au théâtre de l'Odéon.

LA
BOURSE & LA VIE

La scène représente un coin de jardin. — A droite, un mur de clôture, avec porte en fer. — A gauche, un banc de gazon, une table
en pierre et deux chaises rustiques. — Au milieu de la scène, au
fond, un massif d'arbustes. — Au lever du rideau, il fait nuit.

SCÈNE PREMIÈRE

ENGUERRAND, à la porte grillée. **LATRANCHE**, dans le massif.

LATRANCHE, écartant les branches.

Je n'entends plus mon maître...

Il sort du massif avec précaution.

Esquivons-nous sans bruit..
Et tâchons de tirer profit de cette nuit...
J'aimais trop ! Mais l'ingrate a pris soin elle-même
De m'enseigner jusqu'où la femme veut qu'on l'aime...
Tant mieux ! Cette leçon est bonne, et je promets
Que je serai plus calme et moins sot désormais !
A faire le jaloux j'aurai, la chose est sûre,

Gagné quelque gros rhume ou quelque courbature...
Mais mon cœur est guéri, bien guéri, croyez-moi !

Il sort par la gauche.

SCÈNE II

ENGUERRAND, seul.

Elle ne rentre pas !... L'infidèle !...

Redescendant.

Ah ! ma foi,
Bon voyage ! Il faudrait être pris de vertige
Pour espérer encore ! Un fat... que ne le suis-je?
Un fat inventerait mille bonnes raisons
Qui consolent, mais qui sont autant de chansons...
Croirait-on qu'un monsieur de vingt-cinq ans, point bête,
Riche suffisamment, ayant toute sa tête
Et, comme air et tournure, assez bien réussi,
A propos d'un jupon se désespère ainsi ?
Messieurs nos beaux esprits vont bien rire sans doute
Quand ils sauront... Mais bah ! je leur fais banqueroute
Et je serais un sot de me mettre en émoi
De tout ce qu'ils pourront demain dire sur moi !...
J'ai joué, j'ai mangé, j'ai bu, j'ai fait la guerre ;
On m'a parfois aimé... Souvent même !... Il n'est guère
De plaisir ni de joie en ce monde banal
Dont je n'aie abusé largement... Est-ce un mal
Ou non?...

Il s'asseoit sur le banc de gazon.

La question n'est pas des plus nouvelles,
Mais qui la résoudra?... De plus fortes cervelles
Que la mienne pourront-elles y parvenir ?
Je laisse cette énigme aux sphinx de l'avenir...
Ce qui réellement me touche et m'intéresse,
C'est Simiane, ma perfide, ma traîtresse,
Dont le si bel amour en un jour s'est enfui !...

SCÈNE III

ENGUERRAND, assis, la tête dans ses mains. PIÉTRO, apparaissant au faîte du mur de clôture.

PIÉTRO.

L'escalade a du bon, surtout, comme aujourd'hui,
Quand le mur n'est pas haut et que la nuit est noire...
Ce genre-là vous donne un faux air de victoire;
Il est chevaleresque et n'est pas sans péril;
C'est un assaut, ni plus ni moins...

> Il se met à cheval sur le mur. — On entend une horloge dans le lointain.

Quelle heure est-il?
— Quatre heures; le moment où tout dort dans la ville.
L'hôte de ce logis en est absent : il file
Chez une belle au teint probablement vermeil
Ou le parfait amour ou le parfait sommeil !...
Je ne trouverai donc que ses gens... Je m'en charge;
Allons-y gaiement !...

> Il saute dans le jardin.

ENGUERRAND, se levant à ce bruit.

Qui va là ?

PIÉTRO, stupéfait.

Quelqu'un ! !

ENGUERRAND, dégaînant.

Au large,
Ou, sur ma foi, je vous embroche sans pitié !

PIÉTRO, dégaînant à son tour.

Oh ! mais la broche est longue et j'en tiens la moitié,
Seigneur !

ENGUERRAND, l'attaquant.

De ton caquet, maraud, tu vas rabattre !

PIÉTRO, ferraillant.

Je vais vous fendre en deux !

ENGUERRAND.

Moi je te coupe en quatre !....

PIÉTRO, gouailleusement.

Serions-nous deux gascons ?... Diable !...

ENGUERRAND.

Ignores-tu donc

Que la Garonne coule en tous pays ?...

PIÉTRO.

Pardon,

Je l'ignorais...

ENGUERRAND.

Vraiment ?

PIÉTRO, ferraillant toujours.

Infortuné jeune homme,
Si tu savais ma force et comment on me nomme !...
Je suis Piétro !

ENGUERRAND, sans s'arrêter.

Piétro le spadassin ?

PIÉTRO.

Mais oui !

Cela te trouble ?

ENGUERRAND.

Non, j'en suis tout réjoui.
Moi je suis Enguerrand de Beaulieu...

PIÉTRO, cessant de ferrailler.

Pas possible ?

ENGUERRAND, attaquant de nouveau.

Que fais-tu là ?

PIÉTRO, reculant.

Parbleu ! de vous servir de cible
Me croyez-vous d'humeur, cher seigneur Enguerrand ?

ENGUERRAND.

Comment ! Piétro recule ?

PIÉTRO, dignement.

Oh ! non ! Piétro se rend !
Je me souviens du temps où j'étais mousquetaire...

ENGUERRAND, riant.

Un jour que tu parlais trop haut, je te fis taire...

PIÉTRO.

Avec un coup d'estoc...

ENGUERRAND.

Dont seul j'ai le secret.
Je vais te l'enseigner.

Il attaque de nouveau.

PIÉTRO.

Je décline à regret
Ce grand honneur, — à moins que votre seigneurie
Ne daigne me montrer son coup en théorie.
Quant à payer encor d'un bon trou dans ma chair
Vos aimables leçons, franchement c'est trop cher !
Non bis in idem est un axiome sage
Dont la jurisprudence a consacré l'usage,
Et que je me rappelle aujourd'hui fort à point
Pour préserver le cœur qui bat sous ce pourpoint !...
Comme une fois déjà, d'une main trop adroite,
Vous m'avez transpercé sous la mamelle droite,
Vous pourriez aujourd'hui vous tromper de côté,
Et j'aime mieux me rendre en toute humilité.

ENGUERRAND.

Tu me parais jouir d'une bonne mémoire,
Car tu parles d'un temps lointain...

PIÉTRO.

Je m'en fais gloire.

ENGUERRAND.

Voilà bientôt sept ans, en effet...

PIÉTRO.

Oui, ma foi,
Sept ans ; — et vous serviez dans les pages du Roi...
Moi, depuis, j'ai quitté l'armée, où je vous jure
Que par le temps qu'il fait l'existence est trop dure ;
On a tant de besogne et l'on gagne si péu,
Que...

ENGUERRAND.

Tu t'es fait bandit ?

PIÉTRO.

On fait ce que l'on peut !..
Et cependant, bandit est-ce bien le mot juste ?
Octave triomphant se transforme en Auguste!
Pourquoi donc, ayant tous les instincts du guerrier,
Ne suis-je qu'un obscur et vil aventurier ?
Parce que le destin dispense mal les rôles
Et qu'au lieu d'ajourner la conquête des Gaules,
De l'Inde ou de l'Afrique, il m'a fait par hasard
Naître après Scipion, Alexandre et César !

ENGUERRAND.

Oui. Malheureusement, dès qu'ils sont mis en cage
Messieurs les assassins tiennent tous ce langage ;
Il est drôle, en effet, et fort original,
Mais...

PIÉTRO, rêveur.

Tant mieux, au surplus! Je fais bien moins de mal
Bravo que conquérant ; je ne tue et ne vole
Que pour vivre.... en petit, et cela me console!
Les héros de remords sont souvent bourrelés,
Tandis que je dors, moi... C'est quelque chose, allez!
Car, sans la paix du cœur, la gloire n'est qu'un leurre!...
— Mais pardon, je bavarde et laisse passer l'heure ;
Le jour paraît; je vais dormir ; adieu.

ENGUERRAND, le retenant par le pan de son habit.

Comment !

Tu crois donc t'en aller aussi tranquillement
Que cela, le front haut et par la grande porte ?.

PIÉTRO.

Par où sortir, alors ?

ENGUERRAND.

Ton impudence est forte !
Quand la nuit chez les gens on entre ainsi...

PIÉTRO.

D'honneur,
J'ignorais que ce fût ici chez vous, seigneur.

ENGUERRAND.

Tu venais pour voler, pour tuer ?

PIÉTRO.

Ah ! de grâce,
N'en parlons plus !

ENGUERRAND.

Sais-tu comme on se débarrasse
Des mauvais sacripants de ta trempe ?

PIÉTRO.

Fort bien ;
Mais je suis convaincu que vous n'en ferez rien.

ENGUERRAND.

Parce que ?

PIÉTRO.

Monseigneur, vous êtes gentilhomme
Et savez qu'il n'est pas chevaleresque, en somme,
De bâillonner quelqu'un et d'en faire un paquet
Bien ficelé, qu'on jette à l'officier du guet...
Qu'un courtaud de boutique en use de la sorte,
D'accord ; mais vous, jamais !... Pour vous prêter main forte
D'ailleurs, vous n'avez pas besoin des gens du Roi.

Il jette son épée.

Je me rends à merci.

Emphatiquement.

Maintenant, tuez-moi !...

Vous tenez en vos mains mon salut ou ma perte !

ENGUERRAND, à part.

Oh ! quelle idée !

PIÉTRO.

Eh bien ! Puis-je partir ?

ENGUERRAND, s'asseyant.

Non certe ;

Viens t'asseoir.

PIÉTRO, s'asseyant aussi.

Près de vous ? quel honneur inouï !

ENGUERRAND.

Tu venais demander la bourse ou la vie ?

PIÉTRO, humblement.

Oui.

ENGUERRAND.

Je te donne les deux.

PIÉTRO.

Vous plaisantez sans doute ?

ENGUERRAND.

Nullement.

PIÉTRO.

Daignez donc vous expliquer, j'écoute.

ENGUERRAND.

Puis-je vraiment compter sur toi ?

PIÉTRO.

Comme sur vous.

Ma réputation, dont je suis très jaloux,
Vous est un sûr garant de mon zèle à bien faire ;

Si ce que vous voulez ne sort pas de ma sphère,
Si c'est moral, honnête et point compromettant,
Si, sans trop marchander, vous me payez comptant,
Et si...

ENGUERRAND.

Deux mille écus et nul danger.

PIÉTRO.

La somme

Est ronde !

ENGUERRAND.

Je la donne en or.

PIÉTRO, se levant.

Je suis votre homme.

ENGUERRAND, de même.

As-tu le poignet ferme et le cœur endurci ?

PIÉTRO.

J'ai beaucoup travaillé, Monsieur, en ces temps-ci ;
Servant tantôt la Ligue et tantôt la Réforme,
Selon le jour... Partout j'ai fait un mal énorme.
Et quel bruit avec ça !... J'en fis même un peu trop
Et dus changer mon nom en celui de Piétro...
Piétro ! La consonnance est heureuse et jolie,
N'est-ce pas ? Elle exhale un parfum d'Italie
Grâce auquel on arrive à tout en ce moment !...
Supposez qu'aujourd'hui je sois pris, sûrement
Sous mon nom bordelais l'on me pend tout de suite ;
Tandis que si je peux me dire de la suite
Du grand Maréchal d'Ancre, *il signor* Concini,
La justice s'excuse et je reste impuni !
Savoir d'où vient le vent et le suivre en sceptique,
Voilà, seigneur, comment j'entends la politique ;
C'est vers les Médicis qu'il souffle ce matin ?
Eh bien ! sans hésiter, je me fais florentin !
Que les princes du sang, aidés de la noblesse,
Se délivrent demain de ce joug qui les blesse,
Demain l'on me verra derrière eux me ranger,

1.

Criant : Vive la France et sus à l'étranger !...
Voilà ce que je vaux ; j'ai de l'expérience,
Mon bras est fort, mon cœur sec, et ma conscience
N'a jamais reconnu que la force pour loi.
Si de ces vertus-là vous daignez faire emploi,
D'un passé très rempli mon nom se recommande :
J'opère à la journée ainsi que sur commande,
A forfait... C'est le mot, sans calembour aucun.
Combien d'hommes, seigneur, faut-il que je tue ?

ENGUERRAND.

Un.

PIÉTRO.

Vu le prix, ce doit être un bien grand personnage ?

ENGUERRAND.

C'est moi.

PIÉTRO.

Vous ? Et pourquoi ?

ENGUERRAND.

Que t'importe ?

PIÉTRO.

Ah ! je gage
Que tout ceci recouvre une histoire d'amour...

ENGUERRAND, allant regarder à la petite grille.

Eh bien ?

PIÉTRO.

Ces chagrins-là s'oublient en un seul jour,
Monsieur. Vous prenez donc au sérieux les femmes,
Ces petits êtres fous, charmants ?...

ENGUERRAND, redescendant.

Ou bien infâmes,
Piétro !

PIÉTRO.

Mais non !

ENGUERRAND.

          D'ailleurs, cessons de discourir ;
Ce n'est point un conseil que je veux, c'est mourir.
Or, comme un suicide est souvent ridicule,
Soit qu'au dernier moment la main tremble ou recule,
Soit qu'on se défigure et qu'aux yeux du passant
On expose un cadavre affreux et grimaçant,
Cette mort me répugne et j'en préfère une autre.
Tu me tueras.

PIÉTRO, avec indignation.

Jamais !

ENGUERRAND.

          Tu fais le bon apôtre
Après avoir voulu m'assassiner, gredin ?

PIÉTRO.

Permettez ; je faisais mon métier, ce matin ;
Je courais des dangers et je pouvais, en somme,
Rester sur le terrain et rencontrer un homme
Moins généreux que vous... En ce cas-là, seigneur,
Je tombais sans forfaire aux règles de l'honneur !
Mon Dieu ! Deux mille écus sont excellents à prendre,
Je le sais ; cependant, faut-il encor s'entendre...
Ah ! s'il fallait rosser, et non pas à demi,
Ou votre belle-mère ou quelqu'autre ennemi,
S'il s'agissait du rapt d'une fille mineure,
Ou d'un vol chez un oncle avare, à la bonne heure,
Vous verriez si je suis digne de mon renom !
Mais faire ce que vous me demandez là, non !...

                    Avec attendrissement.

O mon père, ô toi qui m'appris dans mon enfance
Qu'il ne faut point frapper un homme sans défense,
N'est-ce pas que jamais tu ne me destinas
A devenir l'auteur d'obscurs assassinats ?...

                    Le jour se fait peu à peu.

ENGUERRAND.

Va-t'en donc !

PIÉTRO, interloqué.

Moi, seigneur ?

ENGUERRAND.

Oui, je te congédie,
Je hais les capitans de tragi-comédie ;
J'en vais chercher un autre ; en prenant au hasard,
J'en trouverai bien un plus prompt et moins bavard.

PIÉTRO, indigné.

Un rival ?

ENGUERRAND.

Certes !

PIÉTRO, se rapprochant.

Vous me feriez cette honte ?

ENGUERRAND.

Oui ; je sais un repaire, à ce que l'on raconte,
Où, si l'on a besoin d'un scélérat adroit,
On peut...

PIÉTRO.

Oh ! n'allez pas, monsieur, dans cet endroit !
Vous n'y rencontreriez qu'un personnel inepte,
Grossier, brutal...

ENGUERRAND.

Alors ?...

PIÉTRO, avec hésitation.

Alors... parbleu ! j'accepte !

Vivement.

Mais par pur dévouement et non par intérêt,
Pour que vous n'usiez pas d'un vil coupe-jarret...

ENGUERRAND, riant.

Merci.

PIÉTRO.

C'est de bon cœur. Vous disiez donc ?

ENGUERRAND.

Ecoute :
Avant qu'il soit demain, je veux, coûte que coûte,
Etre mort; mais je veux en même temps mourir
Sans voir d'où vient le coup et surtout sans souffrir;
En face du danger, je pourrais me défendre,
Malgré moi; tu dois donc me suivre ou me surprendre,
Dans la rue, au spectacle, au jeu si tu m'y vois...
De l'heure et du moyen je te laisse le choix.
Pour moi, je vais sortir ainsi que d'habitude,
Sans plus d'empressement, mais sans inquiétude;
Je t'appartiens; tu peux te presser ou surseoir
A ta guise, — pourvu que je sois mort ce soir.
Je ne te fuirai pas, le reste te regarde.

PIÉTRO.

Bon.

ENGUERRAND.

Tu m'as compris?

PIÉTRO.

Oui, monsieur; mais prenez garde,
Si vous alliez changer d'avis, il nous faudrait
Convenir d'un signal qui m'en avertirait?

ENGUERRAND.

Je ne changerai pas d'avis, quoi qu'il advienne.

PIÉTRO.

Soit! votre affaire est faite. — A présent, à la mienne.
Vous me donnez deux mille écus?

ENGUERRAND.

Parfaitement;
Une moitié comptant, l'autre par testament.
Nous allons rédiger ensemble un codicille;
As-tu confiance?

PIÉTRO.

Ah! je serais difficile
Si je n'en avais pas... C'est que ce n'est pas tout,

Monsieur : les gens du roi fourrant leur nez partout,
J'ai peur que votre mort demain ne retentisse
Au point de rappeler mon nom à la justice...
Et ce serait dur!... Car on a beau feindre exprès
De me laisser tranquille, on me serre de près!...

ENGUERRAND.

Eh bien! pour empêcher que la justice informe,
Je vais, dans une lettre écrite en bonne forme,
Déclarer que c'est moi qui me tue.

PIÉTRO.

Ah! ma foi,
Je ne trouve plus rien à dire; usez de moi,
Ordonnez, je m'incline et vous servirai comme
Doit un loyal bandit servir un gentilhomme.

ENGUERRAND.

Suis-moi donc.

PIÉTRO, l'arrêtant.

Etes-vous toujours bien résolu?

ENGUERRAND.

Oui.

PIÉTRO.

Pas de regrets?

ENGUERRAND.

Non.

PIÉTRO.

Alors, marché conclu!

A part, tandis qu'Enguerrand jette un dernier coup d'œil à la
grille et remonte ensuite vers la gauche.

Charmante nuit! J'en eus rarement de meilleure ;
Pour commencer, deux mille écus... Et tout à l'heure
Ces dames dont je vais empocher la rançon...
Allons, Piétro, tout va d'admirable façon!....

Haut.

Je vous suis.

Ils sortent par la gauche. Il fait grand jour.

SCÈNE IV

SIMIANE et AURORE, entrant par la petite grille.

AURORE.

Quelle nuit!...

SIMIANE.

Je me croyais plus forte;

Je chancelle... Allons, viens.

AURORE.

Je referme la porte,

Madame; attendez-moi.

SIMIANE.

Non, tu me rejoindras;

J'ai hâte de le voir...

Elle sort par la gauche.

SCÈNE V

AURORE, seule, puis LATRANCHE.

AURORE.

Et d'être dans ses bras!...

Oui, oui, madame, allez; qu'une autre vous régente,
Moi, pour vous condamner, je suis trop indulgente!...
Oh! les hommes, l'amour, les plaisirs dévorants!
Je ne puis les blâmer, puisque je les comprends!...
Depuis peu, j'en conviens... Mais comme on se rattrape
Et comme sur le tard aucun détail n'échappe!...
Dix ans de mes attraits les hommes ont fait fi,
Et dix jours pour leur tout pardonner m'ont suffi!
Il me semble aujourd'hui qu'à plaire accoutumée

Je ne pâtis jamais et fus toujours aimée!...
Tels doivent être autant que moi fiers et joyeux
L'aveugle de naissance auquel on rend les yeux,
Le condamné chinois échappé de la cangue,
Le muet du sérail... qui retrouve sa langue!...

Latranche entre par la gauche, portant des assiettes, etc.

LATRANCHE, apercevant Aurore.

Ah! dame Aurore! Enfin!...

AURORE, à part.

C'est lui, c'est mon amour!

Allant à lui pour l'embrasser.

Mon Latranche!...

LATRANCHE, dignement.

Un instant.

Il dépose ses assiettes et ses bouteilles sur la table; puis, d'un
ton grave:

Madame, il fait grand jour!

AURORE.

Oui, mais que signifie et pourquoi ce prélude?

LATRANCHE.

Parce que le grand jour, madame, d'habitude
Ne vient qu'après la nuit et que, par conséquent,
Il faut passer la nuit quelque part... Depuis quand,
Et sous quels malheureux prétextes que j'ignore,
Osez-vous abuser de votre nom d'Aurore
Pour ne plus vous montrer qu'avec le jour naissant?
Qu'est devenu ce cœur que je crus innocent?
Qu'est devenue aussi cette âme tendre et neuve
Qu'on pouvait, disiez-vous si haut, mettre à l'épreuve?
— Savez-vous, femme ingrate, où j'ai passé la nuit,
Moi? — Derrière mon maître, ici, caché sans bruit...
Il pleurait, je pleurais... sa voix mélancolique
Disait un nom, ma voix lui donnait la réplique
En répétant le vôtre, — oui, le vôtre — tout bas...
Ah! que n'avez-vous vu nos douleurs, nos combats,
Nos désespoirs!... Tenez, les tigres n'ont pas d'âme?

Eh bien, ils auraient eu pitié de nous, madame!...
Oh! ne riez pas! ma patience est à bout!
Je sens monter le rouge à mon front, mon sang bout
Et je ne sais comment je me retiens encore
De vous écraser là, sous mes pieds!...

AURORE.

Je t'adore!

LATRANCHE.

Pas de plaisanterie! Elle est hors de saison.
Après votre inconduite et votre trahison,
J'interroge et je juge... Et c'est mon droit, en somme!
Pour être cuisinier on n'en est pas moins homme,
On tient à ce qu'on a... Je tenais donc à vous,
Et vous m'avez trompé!

AURORE, radieuse, à part.

Jaloux! Il est jaloux!...

Haut.

Mais tu ne vois donc pas, mon Latranche que j'aime,
Que ta fureur me rend orgueilleuse à l'extrême
Et que je donnerais ma part de paradis
Pour entendre souvent les choses que tu dis?...
Tu m'aimes, je le sens, je le vois, j'en suis sûre,
Puisque tu souffres... Mais va, pour que ta blessure
Soit guérie et que ton chagrin soit dissipé,
Un seul mot suffira : Je ne t'ai point trompé!

LATRANCHE.

La preuve?

AURORE.

La voici, si tu veux me promettre
De ne pas être plus exigeant que ton maître,
Nous avons, ma maîtresse et moi, passé la nuit
Ensemble, au même endroit, ayant le même ennui,
Celui de ne pouvoir vous prévenir du piège
Où nous étions...; Eh bien! si ton maître, disais-je,
Pardonne à ma maîtresse et croit à sa vertu,
Feras-tu comme lui, me pardonneras-tu?

LATRANCHE.

Je ne refuse pas... Mais faudrait-il encore
Une explication quelconque, dame Aurore...
Voyons, fût-ce un mensonge à plaisir inventé,
Dites-moi quelque chose, un mot?

AURORE.

La vérité.

LATRANCHE.

C'est beaucoup dire... Enfin, j'accepterai pour telle
L'histoire que je vais entendre; puisse-t-elle
Me prouver qu'en doutant je te calomniais!...

AURORE, joyeusement.

Il m'a tutoyée !...

LATRANCHE, philosophiquement.

Ah! L'amour est si niais!

AURORE.

Mais non! Bien au contraire!

LATRANCHE.

Allons, parle; j'écoute.

AURORE.

Nous sortions du théâtre et suivions notre route,
Pressant le pas, causant de la pièce, des vers,
Du bel acteur qui met les têtes à l'envers,
Du public, de l'auteur, de l'actrice courue,
Que sais-je enfin?... Soudain, au détour d'une rue,
Deux hommes, deux géants, masqués, l'épée en main,
Se jetant devant nous, nous barrent le chemin...
Fuir, crier au secours, se défendre, folie!
On nous enlève, on nous bâillonne et l'on nous lie,
Le tout en un clin d'œil et fait si proprement
Qu'on eût dit par miracle ou par enchantement!...

LATRANCHE.

Où vous conduisit-on, de là?

AURORE.

Dans une cave !

LATRANCHE.

Sais-tu que ton histoire est extrêmement grave ?

AURORE.

Je crois bien !

LATRANCHE.

Il faudra porter plainte contre eux !

AURORE.

Oui, deux fois plutôt qu'une !

LATRANCHE, furieux.

Ah ! petits malheureux,
Mauvais gars, fainéants, méchants gredins qui n'êtes
Bons qu'à vous attaquer à des dames honnêtes...

AURORE.

Mais non !...

LATRANCHE, continuant.

Pour nous venger de vous, mon maître et moi
Nous irons, s'il le faut, jusques aux pieds du roi !..
Ces clercs, ces écoliers damnés, sur ma parole,
Sont toujours dans la rue et jamais à l'école !...
Et dire que, pour tout sauver, il suffirait
Que le roi publiât un tout petit arrêt !...

AURORE.

Mon ami !...

LATRANCHE, continuant.

Je suis, moi, pour l'ancienne habitude :
Les femmes au logis et les clercs à l'étude !
Je ne sors pas de là...

AURORE.

Mais il ne s'agit pas
De clercs ni d'écoliers !.. Tu cours toujours, tu vas,
Tu pérores avec la même idée en tête
Et si bien qu'on ne peut t'arrêter...

LATRANCHE.

Je m'arrête.

AURORE.

C'est heureux !...

LATRANCHE.

Quels étaient ces hommes ?

AURORE.

Des brigands !

LATRANCHE, ironiquement.

Votre conte devient des plus extravagants,
Dame Aurore, et c'est en prendre trop à votre aise !
Des brigands à Paris, sous le roi Louis treize ?...
Des brigands !...

AURORE.

Oui, de vrais brigands, qui n'ont voulu
Nous remettre dehors qu'après marché conclu ;
Madame Simiane, en due et bonne forme,
En leurs mains a signé pour une somme énorme
Qu'elle s'est engagée à payer aujourd'hui...
Tu verras si je mens.

Piétro entre par la gauche.

LATRANCHE.

Pourtant...

AURORE, terrifiée, voyant Piétro.

Tais-toi ! c'est lui !...

LATRANCHE, regardant Piétro.

Qui, lui ?

AURORE, bas.

Le chef !...

LATRANCHE, de même.

Le chef ?

AURORE.

Piétro, leur capitaine !...

SCÈNE VI

LES MÊMES, PIÉTRO, s'avançant tranquillement.

PIÉTRO, montrant un papier et un sac d'argent.

La somme, le papier, l'impunité certaine,
Tout est parfait.

Il va à la grille.

AURORE, bas.

Latranche !

LATRANCHE, terrifié.

Hein ?

AURORE.

Le vois-tu ?

LATRANCHE.

Pardieu !

AURORE.

Comment se trouve-t-il à cette heure en ce lieu ?

LATRANCHE, tremblant.

Je l'ignore...

AURORE.

Si nous l'arrêtions ?

LATRANCHE.

Tu veux rire !

AURORE.

Mais c'est l'un des brigands !...

LATRANCHE, se resserrant contre Aurore.

J'entends bien...

AURORE.

Va lui dire...

LATRANCHE.

Rien du tout !

PIÉTRO, après avoir secoué la grille.

Porte close!

Mettant son papier et son sac dans ses poches.

Eh! n'est-ce que cela?

Faisons comme tantôt.

Il escalade le mur.

AURORE, à Latranche.

Eh bien?...

LATRANCHE.

Chut !

PIÉTRO, à cheval sur le mur.

M'y voilà !

Il disparaît.

LATRANCHE, poussant un cri.

Ah!

Il s'enfuit à toutes jambes vers la gauche.

AURORE, courant après lui.

Ah!

SCÈNE VII

ENGUERRAND, SIMIANE, entrant par le fond.

ENGUERRAND.

C'était à moi, Simiane, à moi-même,
Qu'il fallait recourir en ce danger suprême;
Sur un seul mot de vous, j'aurais vingt fois payé
La rançon au coquin que l'on m'eût envoyé,
Mais j'aurais pu le suivre et demain, je l'espère,
On eût pendu la bande et brûlé le repaire.

SIMIANE.

Oui, pour moi vous pourriez accomplir, je le sais,
Les actes les plus fous et les plus insensés ;
Mais c'est justement là, mon cher seigneur et maître,
Ce que j'ai craint : devais-je ainsi vous compromettre,
Sans nul souci de vous dévoiler votre nom
Et vous laisser commettre avec ces gens-là ?... Non ;
J'ai préféré, sachant votre aveugle bravoure,
Garder l'*incognito* rigoureux qui m'entoure,
N'exposer que moi seule et me dire après tout
Qu'il n'est pires bandits dont on ne vienne à bout
Quand on est femme, avec un peu de patience...
C'est là ce que j'ai fait, et mon expérience
A selon mes désirs pleinement réussi
Puisque, sans vous avoir compromis, me voici.
A donner un peu d'or je me suis engagée,
Cela vaut mieux pour vous que de m'avoir vengée,
Croyez-moi...

ENGUERRAND.

Vive Dieu !...

SIMIANE.

Ces lâches sacripants
Vous auraient attiré dans quelque guet-apens...
Ah ! d'ici je vous vois, au fond d'un bouge sombre,
Vous battant sans éclat, écrasé sous le nombre
Et peut-être mourant pour moi !... Pour moi, grand Dieu !
Pour moi qui n'étais rien et qui vous dois le peu
Que je suis ; pour moi faible et triste créature
Que vous avez sauvée un jour, par aventure !...
Oh ! non, mon Enguerrand, si jamais l'un de nous
Doit se sacrifier, c'est moi, ce n'est pas vous !...

ENGUERRAND.

Vous êtes, Simiane, une noble et belle âme.
Mais vous vous abusez, ce n'est point à la femme
A se sacrifier pour l'homme, assurément.
Qu'ai-je fait qui mérite un pareil dévouement ?
Si j'eus quelque bonté peut-être...

SIMIANE.

Il le demande!
Mais la plus chère, la plus vraie et la plus grande...,
Votre amour, Enguerrand !... Si vous m'aimez toujours,
Ce mot n'en dit-il pas plus que tous les discours ?...

ENGUERRAND.

Ah ! s'il suffit vraiment de mon amour extrême
Pour que votre bonheur soit complet, je vous aime...
Vous me devez la vie... Eh ! ne vous dois-je pas,
Moi, tout ce qui la rend douce et bonne ici-bas ?.
Allez ! nous sommes bien quittes, je le proclame !
J'étais las, isolé, triste, et, la mort dans l'âme,
Ayant la vie en haine et le monde en pitié,
Je comptais cent amis et pas une amitié !...
Un jour, jour bienheureux ! je vous ai rencontrée
Orpheline, tendant la main, désespérée,
Et je vous ai dit : « Viens ; peut-être qu'avec toi
La joie et le bonheur rentreront sous mon toit !...
Les hommes que l'on fuit, les préjugés qu'on blesse,
Trop gâtés de tout temps par l'humaine faiblesse,
Ne pardonnent jamais à qui se passe d'eux ;
Mais, pour en triompher, ne serons-nous pas deux?...
Le monde, en vérité, ne trouve point de mise
Ce qu'on fait par soi-même et sans son entremise ;
Il faudrait que tout fût contresigné par lui !...
Et que nous donne-t-il en échange ? l'ennui !
C'est trop peu ; venez donc chercher loin de ce monde
Un asile où, plongés dans une paix profonde,
Nous pourrons être heureux, sans amis, sans témoins,
Heureux comme les gens dont on parle le moins !... »

SIMIANE.

Et je vous ai suivi...

ENGUERRAND.

« Quand vous serez ma femme,
Si jamais dans ce monde un jour on vous réclame, »
Vous ai-je dit aussi, ma Simiane, « il faut
Que vous en franchissiez la porte, le front haut ;

C'est par la volonté qu'on fait sa destinée !... »
Et vous m'avez compris, puisque en moins d'une année
Vous êtes digne en tout du sort qui vous attend... ·

SIMIANE.

Comme vous êtes bon !

ENGUERRAND.

Ah ! je vous aime tant !...
Loin de vous, je me meurs, je suis seul, je m'ennuie ;
Votre absence est pour moi ce qu'est un jour de pluie,
En hiver, avec un ciel gris pour tout décor...
Tant que vous êtes là, je vis, j'existe encor ;
Mais partez, et soudain je me tais, ma pensée
S'égare et j'interromps ma phrase commencée...
J'ai besoin de sentir, pour être un peu joyeux,
Votre main dans ma main et vos yeux dans mes yeux !

SIMIANE.

Ah ! que vous avez dû souffrir, cette nuit !...

ENGUERRAND.

Certe
L'heure qui s'écoulait, votre maison déserte,
La crainte d'un malheur affreux, l'anxiété,
Les doutes déchirants, — car de vous j'ai douté !
— Tout cela m'a donné la fièvre, le délire,
Et j'en suis arrivé, je crois, à vous maudire !

SIMIANE, désespérée.

Oh ! mon Dieu !

ENGUERRAND.

Vous voyez par là que j'ai souffert,
Cette nuit, toutes les tortures de l'enfer !
Ne m'accablez donc point ! Soyez, ma Simiane,
La femme qui pardonne et non pas qui condamne !...
Vous le pouvez, hélas !... Si grand que soit un tort,
C'est assez chèrement l'expier par la mort !

SIMIANE.

Par la mort ?

2

ENGUERRAND.

Oui ; croyant à votre perfidie,
Sous un coup si cruel l'âme tout étourdie,
Et jugeant désormais mon bonheur terminé,
A mourir je me suis...

Après hésitation et comme frappé d'une idée subite.

Je m'étais condamné !

SIMIANE.

Ciel !

ENGUERRAND, vivement.

Mais tout est fini, grâce à Dieu ! Je respire
Enfin !...

A part.

Qu'allais-je faire? A quoi bon le lui dire?

SIMIANE, avec angoisse.

Oh ! si, pour mon malheur, je vous eusse, en effet,
Coûté la vie...

ENGUERRAND.

Eh ! sans vous, qu'en aurais-je fait,
Dites? — Pour vivre ainsi, loin de son infidèle,
Parmi des souvenirs qui tous vous parlent d'elle,
Il faut plus de vertu, certes, que je n'en ai!...
Je me suis cru trompé, maudit, abandonné,
Et j'ai perdu la tête!... Hélas ! ce doute impie,
Si vous saviez comment je le pleure et l'expie!...
Oubliez donc l'outrage en faveur de l'amour
Qui l'inspira... La nuit était longue, le jour
Tardait à reparaître, et tout semblait me dire
Que vous me trahissiez!... Oh! l'horrible martyre
Et le hideux tourment, que d'être ainsi jaloux
D'une femme qu'on aime et qui n'est plus à vous!

SIMIANE.

Ah ! vous ne doutez pas de mon pardon, j'espère?
Je vous aime, je vous adore et vous vénère
Tout à la fois !...

ENGUERRAND.

Merci !

SIMIANE.

Mais il ne s'agit plus
Maintenant de regrets et de pleurs superflus ;
Oublions tout, chassons nos angoisses passées !...
Vous n'avez plus, au moins, de sinistres pensées ?

ENGUERRAND.

Non.

SIMIANE.

Vous ne voulez plus mourir maintenant ?

ENGUERRAND.

Non !

SIMIANE.

Vous me le jurez sur votre honneur ?

ENGUERRAND.

Sur mon nom,
Je jure que jamais, au grand jamais, la vie
Ne m'a paru plus belle et plus digne d'envie !...

SIMIANE, se dirigeant vers la grille.

A bientôt, alors !

ENGUERRAND.

Où courez-vous de ce pas ?

SIMIANE.

Payer notre rançon.

ENGUERRAND, vivement.

A bientôt, n'est-ce pas ?

SIMIANE.

Oui, oui, mon Enguerrand, je reviens... Bon courage !

SCÈNE VIII

ENGUERRAND, seul.

Maintenant, triple sot, contemple ton ouvrage !
Le pacte qui de ma vie a fait l'abandon
Est muet sur l'endroit et l'heure... Je puis donc
Tout aussi bien chez moi mourir à l'improviste
Que si je sors...

Il s'asseoit.

      Il est vrai qu'on perdrait ma piste...
Oui, mais après ? — Cela ne me sauverait pas !
C'est dans l'ombre qu'on doit me suivre pas à pas...
Rien ne peut empêcher que mon sort s'accomplisse !
J'ai moi-même réglé l'ordre de mon supplice ! !

Il se lève.

Eh bien non ! j'essaierai de vivre... Dieu merci,
Je ne suis point un lâche, et...

SCÈNE IX

ENGUERRAND, LATRANCHE, VALÉRIO, AURORE.

LATRANCHE, à Valério qui entre après lui, suivi d'Aurore.

Monsieur, le voici.

VALÉRIO.

Très bien.

ENGUERRAND.

Que me veut-on ?

VALÉRIO.

Une offre à vous transmettre
De la part d'un ami du roi.

AURORE, à Latranche qui met le couvert.

Laissons ton maître
Avec cet officier ; tu reviendras plus tard.

LATRANCHE, à Aurore.

Oui, perfide !

AURORE, haussant les épaules.

Mais non...

Ils sortent.

SCÈNE X

ENGUERRAND, VALÉRIO.

ENGUERRAND.

Vous venez de la part,
Disiez-vous, d'un ami du roi ? Je vous écoute ;
Mais veuillez vous asseoir...

VALÉRIO, s'asseyant.

Vous connaissez sans doute
Monsieur de Luyne ?

ENGUERRAND, de même.

Oui, grâce à sa qualité
D'intendant des plaisirs chers à Sa Majesté ;
Voilà tout.

VALÉRIO.

On le croit un oiseleur vulgaire ;
Il n'en est rien.

ENGUERRAND.

Tant mieux.

2.

VALÉRIO.

Vous ne soupçonnez guère
Combien sous un front gai ce jeune homme sans nom
Cache d'ambition et de mérites ?

ENGUERRAND.

Non,
Je l'avoue.

VALÉRIO.

Eh bien... Mais, avant que je m'explique,
Un seul mot : aimez-vous à parler politique ?

ENGUERRAND.

Oh ! je ne serais pas Français ni de mon temps
Si je n'en parlais point un peu.

VALÉRIO.

Je vous entends,
Et vais vous dire tout à cœur ouvert. La France,
Monsieur, est asservie...

ENGUERRAND.

Hélas !

VALÉRIO.

Sa délivrance
Est désormais le but de tout bon citoyen,
N'est-ce pas ?

ENGUERRAND.

Sans aucun doute ; mais le moyen ?
En avez-vous un seul ?

VALÉRIO.

Un, monsieur, et bien d'autres !
D'abord, nous conspirons ; le roi même est des nôtres.

ENGUERRAND.

Ah ! le roi lui-même ?....

VALÉRIO.

Oui.

ENGUERRAND.

                Parbleu! j'en suis aussi,
Je vous le promets.

        VALÉRIO.

             Quand nous aurons réussi,
Il va de soi que sur les corps de nos victimes
Nous nous partagerons les dépouilles opimes;
Vous aurez une terre, un titre, à votre gré;
Votre droit de vainqueur est déjà consacré,
Comme pour nous...

        ENGUERRAND.

          Monsieur, je n'ai qu'une demande
A vous faire, mais bien sérieuse, bien grande!
J'aime une femme pauvre et sans nom; que le roi
Me la laisse épouser, et j'engage ma foi
Que, s'il faut, je mourrai pour lui!...

        VALÉRIO.

                J'ai presque honte
Qu'envers vous nous soyons quittes à si bon compte,
Monsieur; c'est accordé, vous pourrez au grand jour
Avec qui vous aimez reparaître à la cour.

        ENGUERRAND.

Ah! je suis tout à vous désormais, je le jure!
— Mais qui donc est ainsi venu, par aventure,
Vous réveiller, messieurs, et semer dans vos rangs
Ces instincts de révolte?

        VALÉRIO.

             Eux-mêmes, nos tyrans.
— Tandis que les Français sont légers par essence,
Ces gueux de Florentins rusent dès leur naissance;
Nous avons l'âme chaude, eux ont l'esprit profond;
Pendant que nous parlons politique, ils en font...
Eh bien! nous leur voulons prouver de façon claire
Qu'aussi bien qu'en parler nous saurons tous en faire,
Et mieux qu'eux. — A ce soir, la première leçon!...
Monsieur de Richelieu, l'évêque de Luçon,

Est avec nous; l'armée également; les princes
Nous suivent; le clergé soulève les provinces;
Vitry se charge, avec cent hommes prêts à tout,
De saisir cette nuit Concini n'importe où
Et de débarrasser la France de cet homme!
Que risque-t-on? La mort! Mais qu'est la mort, en somme?
Vous n'en avez pas peur, j'espère?

ENGUERRAND, vivement.

Non vraiment!

Surtout de celle-là!...

Machinalement.

Moi, peur? Assurément

Non...

A part.

Pourquoi me dit-il cela? C'est fort étrange!...

Avec frayeur.

Quel est cet homme?... Il ment, il me donne le change
Peut-être... Si Piétro me l'envoyait ici?...
Pourquoi non? Il peut bien me tendre un piège ainsi!...
Pourvu qu'il me tue... oui, n'a-t-il pas carte blanche?...

VALÉRIO, s'approchant.

Eh bien, monsieur?

ENGUERRAND, reculant.

Plus loin!...

VALÉRIO, s'approchant encore.

Mais...

ENGUERRAND, courant à gauche.

Au secours, Latranche!

SCÉNE XI

ENGUERRAND, LATRANCHE, VALÉRIO.

LATRANCHE.

Vous m'appelez, monsieur?

ENGUERRAND.

Oui.

A Valério.

Vous, allez-vous en !

VALÉRIO.

Pourquoi donc?

ENGUERRAND.

Je sais qui vous êtes, à présent !...
Partez, vous dis-je !...

VALÉRIO.

Un mot...

ENGUERRAND, exaspéré.

Mais partez donc sur l'heure !

VALÉRIO.

Pourtant...

ENGUERRAND.

Non ! inventez une fable meilleure,
Si vous voulez que j'y croie...

VALÉRIO.

Enfin !...

ENGUERRAND.

C'est assez !...

VALÉRIO.

Monsieur, les droits de l'hôte...

ENGUERRAND.

Eh ! vous les dépassez,
A la fin !...

VALÉRIO, remontant.

Oh ! la paix ! je m'en vais.

LATRANCHE.

Bon voyage.

VALÉRIO, redescendant.

Mais je vous supposais un homme de courage,
Monsieur; pardonnez-moi de m'être ainsi trompé,
Sur la foi d'un renom qui me semble usurpé.
Je vous salue. Ah! Ah!

> Il sort en riant ironiquement. — Latranche lui ouvre la petite
> porte.

SCÈNE XII

ENGUERRAND, LATRANCHE.

ENGUERRAND, à part.

Oui, moque-toi, mon drôle!
Tu n'es pas d'encolure à jouer un tel rôle,
Et ce serait plutôt à moi de ricaner.
— Latranche!

LATRANCHE, redescendant.

Me voilà, monsieur.

ENGUERRAND.

Mon déjeuner.

LATRANCHE, allant à la table.

Il est prêt.

> Il sert le déjeuner, qu'il prend dans la coulisse de gauche.

ENGUERRAND, à part.

J'ai peut-être été peureux et lâche,
En effet... Mais savoir que la mort, sans relâche,
Vous guette, en se cachant et comme au coin d'un bois,
C'est hideux, c'est horrible et c'est mourir deux fois!...
J'ai donc bien fait... Pour vous, beau cavalier, mon maître,
Si vous êtes vraiment ce que vous dites être,
Nous nous retrouverons bientôt... Si je courais

Après lui? — Non, Piétro d'abord, et l'autre après...
Soyons calme et prudent...

Il s'approche de la table.

A boire.

Latranche verse. — Enguerrand boit.

Quand je pense
Que c'est moi, moi Beaulieu, qui parle de prudence!
Un mot qu'hier encor je ne connaissais pas!

Il s'asseoit à la table.

J'ai faim.

LATRANCHE, larmoyant.

J'ai préparé justement un repas
Dont vous serez content... Monsieur, je vous l'assure!...

ENGUERRAND.

Tu pleures?

LATRANCHE.

Ah! Monsieur, sous un pourpoint de bure
Vous ne soupçonnez pas ce qu'un homme amoureux
Peut souffrir!

ENGUERRAND.

Parle donc.

LATRANCHE.

O maître généreux,
Vraiment vous permettez qu'à vous je me confie?

ENGUERRAND.

Sans doute.

LATRANCHE.

Ah! si j'avais votre philosophie,
Je ne me ferais pas autant de mauvais sang,
Je serais moins jaloux et plus compatissant
Pour le péché mignon de l'épouse qui trompe...
Mais je suis un tigre!...

ENGUERRAND.

Oh! quel début plein de pompe!...

LATRANCHE.

Mangez, monsieur; j'ai fait exprès pour vous ce plat.

ENGUERRAND.

Non, parle.

LATRANCHE.

Eh bien, monsieur... je voudrais, sans éclat,
Savoir la vérité, mais la vérité vraie...
Dites-la moi, n'ayez pas peur qu'elle m'effraie...
Je serai fort...

ENGUERRAND.

Mais tu m'intrigues!

LATRANCHE.

Entre nous,
Franchement et la main sur le cœur, croyez-vous
A la sincérité du récit de ces dames,
A ce repaire affreux, à ces brigands infâmes
Et cœtera?

ENGUERRAND.

Comment, si j'y crois? J'en suis sûr.

LATRANCHE.

Oh! tant mieux... Il ne reste alors qu'un point obscur
Mais je l'éclaircirai. — Mangez donc, je vous prie...
— On dit que les brigands poussent la barbarie
Jusqu'à... violenter les femmes?...

ENGUERRAND, riant.

Ah! parfait!

Tu crains qu'Aurore ?...

LATRANCHE, sourdement.

Hélas! je le crains, en effet!
— Quel affront ce serait et quelle ignominie,
Mon Dieu!... — Goûtez ce plat, c'est un trait de génie;
Je l'ai ce matin même inventé... mais il faut,
Pour le trouver exquis, que vous le mangiez chaud;
Allons, monsieur, allons!...

ENGUERRAND, frappé.

Singulière insistance !
Par quel hasard ou par quelle coïncidence
Invente-t-il un plat justement ce matin ?...

LATRANCHE.

Mais mangez donc...

ENGUERRAND, à part.

Parbleu ! le complot est certain !
Piétro l'a corrompu, soudoyé ; de la sorte
Il se défait de moi chez moi, sans que je sorte...
C'est son droit, — j'ai permis tous les genres de morts...
Mais Latranche... Oh !

Fiévreusement.

Voyons s'il aura des remords ?

Haut.

Je prends du fameux plat !

LATRANCHE.

Vous en prendrez encore,
Monsieur... — Ce qui me fait soupçonner dame Aurore,
C'est que j'ai vu rôder par ici ce Piétro,
Et ce n'est que pour elle...

ENGUERRAND, se levant, avec éclat.

Ah ! gueux, tu parles trop !

LATRANCHE, stupéfait.

Quoi, Monsieur ?

ENGUERRAND, le prenant au collet.

Quand on veut empoisonner un homme,
Il faut se taire !..

LATRANCHE, se débattant.

Mais !...

ENGUERRAND.

Réponds ou je t'assomme !
Tu connais ce Piétro ? Tu l'as vu ? Comment ? Où ?

3

LATRANCHE, blême.

Ici, dans ce jardin...

A part.

Grand Dieu, mon maître est fou!

ENGUERRAND.

Il t'a parlé!

LATRANCHE.

Non pas!

ENGUERRAND.

Tu mens!

LATRANCHE.

Je vous le jure!

ENGUERRAND, le secouant violemment.

Que t'a-t-il dit?

LATRANCHE.

Mais rien!

ENGUERRAND.

Si c'est une gageure
De ne pas me répondre, infâme empoisonneur,
Je vais bien le savoir. Assieds-toi là.

LATRANCHE, assis de force par Enguerrand.

Seigneur,
M'y voici; que faut-il maintenant que je fasse?

ENGUERRAND.

Prends ce plat-là, tu vas le manger à ma place.

LATRANCHE.

Qui, moi?... Non!...

ENGUERRAND.

Je l'ordonne.

LATRANCHE.

Y songez-vous? A moi
Ce mets délicieux, ce mets digne d'un roi?

ENGUERRAND, s'asseyant en face de lui.

Mange donc !

LATRANCHE, riant et pleurant tout à la fois.

Je veux bien... mais la chose est étrange...

Il mange.

ENGUERRAND, avec rage.

Ah ! tu connais Piétro !...

LATRANCHE, la bouche pleine.

Je l'ai vu, c'est vrai...

ENGUERRAND, terrible.

Mange !

Mange tout, tu m'entends ?... Tout, tout, jusqu'à la fin !...

LATRANCHE, avec volupté.

Oh ! que c'est bon ! Pourquoi n'avez-vous donc pas faim ?...

SIMIANE, apparaissant à la grille et voyant Enguerrand.

Ah ! bien !

Elle disparaît.

ENGUERRAND, se levant en voyant Simiane.

Simiane !... Elle aussi je la soupçonne !
Mes doutes, je le vois, n'épargneront personne...
Et comment m'est venu celui-ci ? Sur la foi
D'un simple cuisinier plus sceptique que moi...
Plus clairvoyant peut-être !... En effet, quand je songe
A ce récit qui n'est sans doute que mensonge,
Je me trouve par trop naïf, en vérité,
Et trop sot de l'avoir seulement écouté !...
Des brigands ! Comme si notre Paris moderne
En contenait encor !... Non, et ce subalterne
En n'y voulant pas croire avait cent fois raison !...
Puis, ce Piétro que l'on connaît ?... O trahison !
Et que résoudre ?... Hélas ! puisque c'était pour elle
Que je voulais mourir, la croyant criminelle,
Si vraiment elle l'est, je n'ai plus qu'à chercher
La main du meurtrier, au lieu de m'en cacher !...

Regardant Simiane, qui reparaît faisant signe à quelqu'un d'entrer.

Et pourtant, en voyant ce beau sourire d'ange,
Qui croirait ?...

AURORE, entrant par la gauche, stupéfaite à la vue de Latranche
attablé.

Eh ! bon Dieu ! que fais-tu là ?

LATRANCHE, sans discontinuer.

Je mange ! ! !

SCÈNE XIII

ENGUERRAND, LATRANCHE, AURORE, SIMIANE,
L'EXEMPT DE POLICE.

ENGUERRAND, à part.

Allons ! il faut attendre...

Apercevant l'exempt et bondissant en arrière.

Ah ! cette fois, c'est lui !

SIMIANE, à Enguerrand.

Ami...

ENGUERRAND, indigné.

Quoi ! c'est vous qui m'amenez cet homme ?

SIMIANE, souriant.

Oui,
Et je le crois porteur d'une bonne nouvelle...

L'EXEMPT, s'approchant.

Monsieur, c'est mon métier qui près de vous m'appelle.

ENGUERRAND, reculant.

Triste métier !

L'EXEMPT, s'avançant toujours.

C'est vrai, mais il a quelquefois

Du bon.

ENGUERRAND, *reculant encore.*

Vraiment?

L'EXEMPT, *même jeu.*

D'ailleurs, je n'ai pas eu le choix.

ENGUERRAND, *même jeu.*

Bah!

L'EXEMPT.

La nécessité seule me l'a fait prendre.

ENGUERRAND, *arrivé derrière la table, avec colère.*

Soit! mais quand vous tombez sur qui veut se défendre,
Que faites-vous?

L'EXEMPT, *avec calme.*

Nous nous battons en vrais soldats,
Monsieur, — et justement c'est aujourd'hui le cas.

ENGUERRAND.

Oui?... Votre attente alors ne sera pas trompée.
— Latranche!

LATRANCHE, *se levant.*

Monsieur?

ENGUERRAND.

Cours me chercher mon épée!

LATRANCHE, *la prenant sur le banc.*

Elle est là.

Il la donne à Enguerrand.

ENGUERRAND, *éclatant.*

Donne... Enfin! je sais à qui parler!
Ah! se battre en soldat et voir le sang couler,
Je veux bien!... Mais attendre une mort invisible,
A des coups imprévus savoir qu'on sert de cible,
Qu'on risque tout, le feu, le fer ou le poison,
Et qu'on est entouré d'ombre et de trahison,
Voilà ce qui fait peur, voilà ce qui rend lâche!...
Ah! coquin, je rendrai moins facile ta tâche,

Tous les liens dussent-ils venir à ton secours !...
Un homme tel que moi se réveille toujours
Au cliquetis du fer, à l'odeur de la poudre !...
— Dégaine donc, maraud ! nous allons en découdre !...

SIMIANE, s'interposant.

Enguerrand !

ENGUERRAND.

Oh ! Madame, éloignez-vous !

SIMIANE.

Comment,
Moi ?

L'EXEMPT, impassible.

Si monsieur daignait m'écouter un moment...

Lui montrant un papier.

Ce papier ?...

ENGUERRAND.

Est de moi.

L'EXEMPT.

La signature ?

ENGUERRAND.

Exacte.

L'EXEMPT.

En faveur de Piétro, dans ce cas, j'en prends acte.
Il ne m'a point menti.

ENGUERRAND.

Non, il n'a point menti,
Mais j'ai changé d'avis depuis qu'il est parti ;
Je consens à mourir encor, mais à tout prendre
Il ne me déplaît pas non plus de me défendre !
En garde ! Il faut que l'un de nous deux meure ici !...
M'entends-tu, drôle ?

SIMIANE.

Oh ! mon Enguerrand, est-ce ainsi
Que vous récompensez monsieur de son service ?

ENGUERRAND, s'arrêtant.

De son service?

SIMIANE.

C'est un exempt de police.
— Tandis que mon brigand de cette nuit sonnait
Chez moi, pour ma rançon, — monsieur, qui le connaît...

L'EXEMPT.

Depuis assez longtemps j'étais à sa poursuite!
— Bref, j'ai pu l'arrêter et le fouiller ensuite,
Et, comme j'ai trouvé sur lui ce papier-là,
J'ai voulu m'assurer...

ENGUERRAND, avec joie.

Est-ce vrai tout cela?

A Simiane.

Mon brigand et le vôtre, alors, c'était le même?...
Et j'ai douté de vous!... Pardonnez mon blasphème!...

SIMIANE.

Vous vouliez donc mourir, vraiment?

ENGUERRAND.

Par désespoir!

SIMIANE.

Pour moi!!...

ENGUERRAND.

Pardon! pardon!...

L'exempt fait signe au dehors. Aurore et Latranche se sont un peu
éloignés ensemble pendant la fin de cette scène.

SCÈNE XIV

LES MÊMES, VALÉRIO et PIETRO, entrant par la grille.

L'EXEMPT, à Enguerrand.

Monsieur, voulez-vous voir
Si ce misérable est bien votre homme?

3.

ENGUERRAND, regardant Piétro.

Oui sans doute.

PIÉTRO.

Ah! seigneur Enguerrand, voyez ce qu'il en coûte
De vouloir obliger ses amis... Sur ma foi,
Je n'en ferai plus rien jamais... Chacun pour soi!

ENGUERRAND, allant à Valério.

Monsieur?

VALÉRIO, avec courtoisie.

Comme je vous quittais, sur votre porte
La police du roi m'a demandé main forte.
Je l'ai prêtée, et m'en félicite à présent.

L'EXEMPT, à Enguerrand.

Eh bien! notre métier a du bon?

LATRANCHE, avec émotion.

Digne exempt!

ENGUERRAND, lui serrant les mains.

Vous êtes un brave homme!

L'EXEMPT, à Piétro.

Allons, nous deux, en route!

PIÉTRO.

Un instant.

L'EXEMPT.

Que veux-tu?

PIÉTRO.
Dire un mot.

L'EXEMPT.

Je t'écoute...

PIÉTRO, avec emphase.

Qu'on me conduise au Louvre, auprès de Concini!

VALÉRIO, s'approchant.

Concini n'est plus rien.

PIÉTRO.

Alors, tout est fini !
Plus d'espérance, allons ramer sur les galères !...

VALÉRIO, à l'exempt.

Comme il est calme !

PIÉTRO.

A quoi bon de vaines colères ?
D'ailleurs, le ciel est beau là-bas, — et de Toulon
Pour aller où je sais le trajet n'est pas long...
Noble Calabre, objet de ma constante envie,
Il va donc s'accomplir, le rêve de ma vie !

Rêveur.
J'irai vivre et mourir là !...

L'EXEMPT, lui frappant sur l'épaule.

Tu rêves trop haut,
Car si l'on t'envoyait à Rochefort, plutôt
Qu'à Toulon ?...

PIÉTRO.

En ce cas, j'irais en Amérique.

VALÉRIO.

C'est moins poétique.

PIÉTRO.

Oui, mais c'est bien plus pratique.
— Allons, monsieur l'exempt !...

LATRANCHE, à part.

Si j'osais !... pourquoi non ?

Oui...
Courant à Piétro.
Monsieur Piétro !

PIÉTRO, se retournant.

Qui m'appelle par mon nom ?

LATRANCHE.

Je voudrais vous parler.

PIÉTRO.

Soit.

LATRANCHE.

D'une affreuse idée,
Depuis que je vous vois, ma tête est obsédée...
Montrant Aurore.
Cette dame a passé toute la nuit chez vous?

PIÉTRO, *la regardant.*

Oui, je le crois.

LATRANCHE, *tremblant.*

Daignez excuser un jaloux;
Mais je voudrais savoir... la femme est faible, en somme...
Et celle-là surtout... A l'aspect d'un bel homme...
Bref... vous ne l'avez pas séduite?...

PIÉTRO, *après avoir regardé Aurore.*

Impertinent!

Saluant.
Messieurs...

Il sort suivi de l'exempt.

LATRANCHE, *radieux.*

O joie!

AURORE, *à Latranche.*

Eh bien! me crois-tu maintenant?
Latranche fait signe que oui.

SCÈNE XV

LES MÊMES, moins PIÉTRO et L'EXEMPT.

ENGUERRAND, *à Simiane.*

Ma femme!... Car bientôt vous le serez...

SIMIANE, émue.

Sa femme!...

ENGUERRAND, à Valério.

Oh! Dites-lui que c'est vrai, monsieur!

VALÉRIO, à Simiane.

Oui, madame;
Il va vous conquérir ce titre, de ce pas.

ENGUERRAND, à Simiane.

Au revoir!...

A Valério.

Mais, pardon, monsieur, n'avons-nous pas
Certain duel à régler?

VALÉRIO.

Non; je sais votre histoire
Et je ne doute plus de vous, veuillez me croire.
Le sort dont vous étiez menacé ce matin,
En ce qu'il contenait d'horrible et d'incertain,
Aurait épouvanté tous les héros du monde...
C'est pour cela que Dieu, dans sa bonté profonde,
Nous laisse dans le doute, et, jusqu'au dernier jour,
Nous a permis la foi, l'espérance et l'amour.

FIN

'Imprimerie générale de Châtillon-sur-Seine. — A. Pichat.

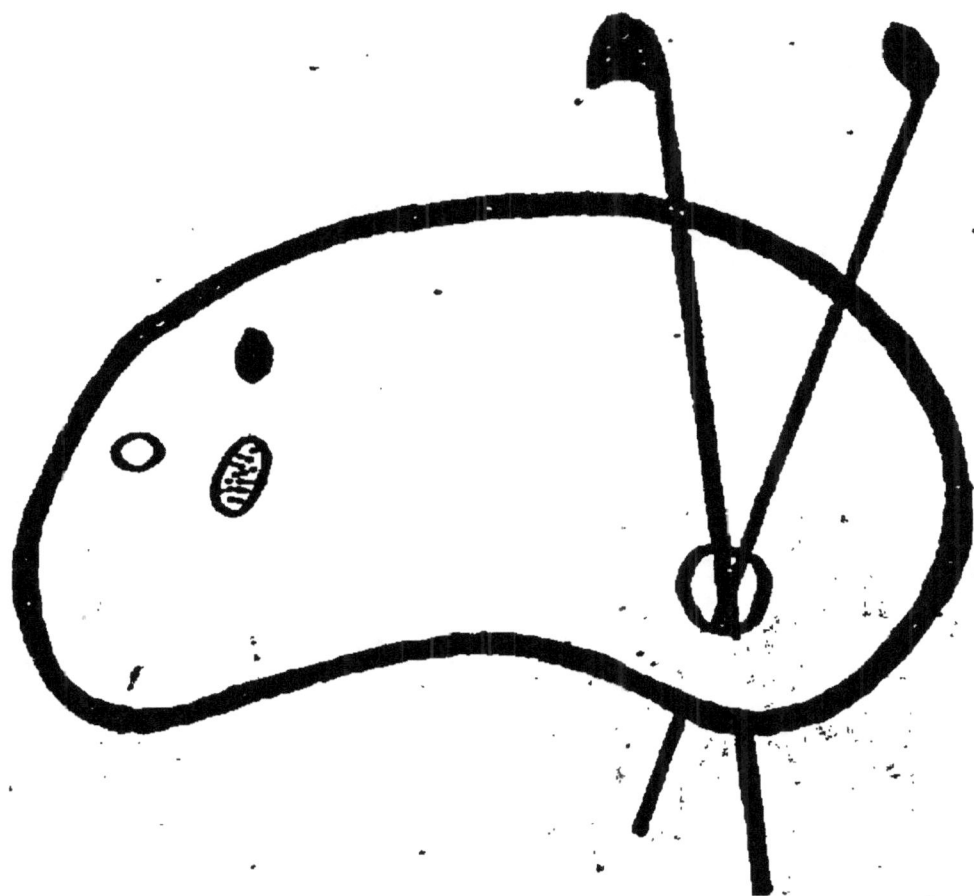

www.ingramcontent.com/pod-product-compliance
Lightning Source LLC
LaVergne TN
LVHW022128080426
835511LV00007B/1078